어라의 라이프 카툰

어라의 라이프카툰

그림으로 놀고, 그림으로 수행하는 스님의 재미난 일상

지찬 지음

담앤북스

어라 스님

직업
만화 그리는 스님

인상착의
가분수 머리 + 회색 옷 + 전기 자전거

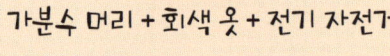

주호민 아님…

사건개요

2012년부터
카페에서 태블릿 PC로 놀고, 그리고, 수행
그러다 낸 책이 2권째.

신고처

페이스북 : @어라

머리말

어떤 글도 본연의 나를 다 표현하지 못할뿐더러,
자신의 글이 본연의 나를 넘어서지 않기를 바란다는
류시화 씨의 서문을 보았습니다.

아마 글을 쓰는 사람들이
가장 중요하게 생각하는 부분이 아닐까 합니다.
그것은 수행자에게도 공통된 문제의식이
아닐 수 없기 때문이죠. 자신의 살림살이의 문제에서는
여지없이 날카롭게 바라볼 필요가 있기 때문입니다.

그 때문인지 다소 과장된 표현과 감정들이
만화 연출의 하나이긴 해도, 조심하는 부분이 제게도 있습니다.
내용에 있어서 작화 실력 문제도 얽혀 있지만 말입니다.

생활 만화의 매력이라고 한다면,
실생활에서 벌어지는 에피소드에서 나만의 느낌을 잡는 것인데,
그 때문에 제 생각을 들여다볼 수 있다는 장점이 있습니다.
그래서 모든 글, 그림은
나를 위한 작업이 아니었나 하는 생각입니다.

내 작업이지만,
나의 이야기가 자연스럽고, 편안하게 흘러간다면
그제야 소통이라고 여겨질 것 같기 때문입니다.

'본연의 나에게서 넘치지도, 결핍되지도 않게
호흡을 이어 가듯 지금 그렇게 되고 있는가'라는 물음을 되새기며
일상을 바라보고 있습니다.

지찬

차례
머리말 • 006

첫 번째 이야기
어라? 혼자서도 잘 노네

새 폰에 적응하기 • 012　매일이 이벤트 • 014　도깨비 • 018
그림자 • 022　블랙리스트 • 024　멍때림이란 • 028　왜 말을 못해! • 032
부족한 사랑은 • 034　허물벗기 놀이 • 038　몽당연필 • 042
무뎌진 마음엔 • 044　음치의 진정성 • 048　내 귀에 캔디 • 052
바느질 • 054　떡국 • 058　세상 창피 • 060　눈사람, 눈스님 • 062
어라의 그림시 • 066

두 번째 이야기
어라? 여긴 어디?

모기장 수행 • 070　어라는 태닝 중 • 076　일상이 수행이라면서도 • 082
오후의 불식 • 090　모나리자 스님 • 094　탁발 • 100　제.자.소 • 104
자.탄.승① • 108　자.탄.승② • 112　바람 도서관 • 116
제주도 남근석 • 124　여행에서 얻은 것 • 130　대구 계산성당 • 134
유물적 가치 • 138　이사 • 144　**어라의 그림시** • 148

세 번째 이야기
어라? 이렇게 반가울 데가!

어머니가 누구니 • 152   난 뭘 잘못했을까? • 158   카페 치노 • 164
촛불 • 168   만행의 공덕 • 172   라디오 • 178   클래식은 어려워 • 184
이런 염불 차량 • 190   한복 만들기 • 196   모르는 번호 • 206
루돌프는 비정규직 • 208   동지 • 210   비둘기는 999 • 214
어라의 그림시 • 218

네 번째 이야기
어라? 하다 깨달았네

불교 공부를 어떻게 하세요? • 222   무지개 보시 • 226
재가에서 출가까지 • 228   눈길 • 232   농담 속의 부처 • 234
물들지 않는 법 • 240   낙수 명상 • 244   삶의 궤적 • 248
햇살 명상 • 250   나에게 쓰는 편지 • 254   생사의 슬리퍼 • 256
두타 • 262   가지치기 • 266   겨울옷 • 270   어라 상담소 • 274
걷기 명상 • 276   얼음 위의 피아노 • 280   털어 내며 쌓아 가며 • 282
화장 세계 • 284   **어라의 그림시** • 286

첫
번
째
이야기

어라?
혼자서도 잘 노네

 새 폰에 적응하기

태블릿으로 만화를 그리고
스마트 폰을 사용한다고 해서
늘 첨단을 걷는 스님은 아닙니다.

새 핸드폰에 패턴 잠금 기능을
설정해 보았습니다.

"오~ 좋은데?"
．
．
．

익숙함은 여지없이 과거가 되고
나는 지금에 적응하느라
새고롭네요(새롭고 괴롭고).

 **매일이 이벤트**

할인 이벤트가 있는 카페를 갔다.
참고로 오늘은 목요일.

이벤트를 잊은 바리스타…

오늘
목요일이라구요!!

라떼는 3천냥

Event
月
火
水
木 라떼4천원→3,000
金

잠시만요.

확인 확인
폰 문질문질

여.기.까.지.만.

하면 좋았을 텐데,

내가 왜 그랬을까요…
내친 김에?

이벤트를 잘하는 사람이 사랑받는다는데,
너무 잘 챙기는 사람은
부담스러울지도 모르겠습니다.

이벤트에 무심한 사람이었는데
어느새 이런 걸 챙기는 사람이 됐네요.

매 순간순간이 이벤트라는
가르침 덕분입니다….

 도깨비

드라마 잘 안 보는데 왠지 제목이 땡기네?

나... 드라마 잘... 안 본다니까...

몰입중

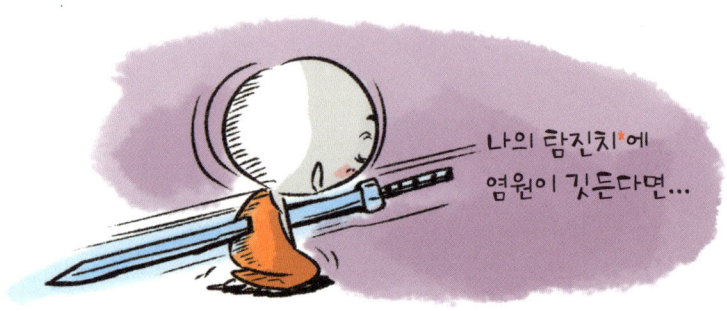

나도 손때 묻은 생각이 상당히 많은 편이어서

드라마를 보다가
내 안의 도깨비를 찾고 있었습니다.

*욕심, 성냄, 어리석음

"나의 生이자 死인 너를,
내가 사랑한다"는 대사를 보니

생사를 뛰어넘는 혜안을 가질 때에야
나의 탐진치도 無로 돌아갈 것 같습니다.

 # 그림자

**쉼의 자유로움은
이런 포즈로 나타낼 수 있으려나요?**

일을 마치고 쉬려고 자리에 누워
요사이 쉽게 지치고 피곤해하는
몸과 마음을 놓아 줍니다.

그림자 깔고 누우니,
산 그림자
저를 덮어 주네요.

블랙리스트

브로치로 달고 다닐 수 있는
작은 인형을 만들어 달라는 요청을 받고
정성껏 만들었습니다.

제 눈에도, 요청하신 분 눈에도
사랑스럽게 보이려면
역시 정성이 들어가야겠지요.

**정성의 기운을 듬뿍~
넣어 봅니다.**

시국을 반영해 리스트를 작성할까…
하다가
그냥 제 실력을 키우기로 했습니다.

쓴 소리든 농담이든
새겨는 둘게요. ㅎ (어금니 꽉)

 # 멍때림이란

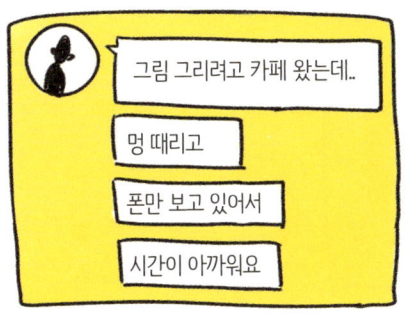

ㅋ 원래 그렇게 그리는 거임

시간이 많이 걸리더군요

멍 때리는 시간이

모두 그리는 시간

아…

그림으로 그려 주세요

명언이네

띵동

조금 먼저 시작한 그림 덕에
이제 막 시작하는 스님에게
이런저런 의견을 줄 수 있음에

스스로에게는 부끄러움이,
나의 말을 이해한 스님에게는
고마움이 듭니다.

힘내시고 잘 갈무리해 내시길.

하루하루가 허투루 보낸 듯,
의미가 있었습니다.

 ## 왜 말을 못해!

오래된 드라마를 보고 감명받은 장면이 있으면
따라 해 보는 버릇이 있습니다.

상대의 마음을 알아차리고
다그치는 주인공의 명대사처럼,

내 반응 따라 물 위, 물 밑의 나는
온전히 말 이전의 본마음을
비춰 주었는데…

이제야 알고 외쳐 봅니다.

이 바보야…

 **부족한 사랑은**

부족한 사랑은
그림으로, 노래로, 글로
기도와 염원으로
채워 보아요.

허물벗기 놀이

아후~ 더워!

자전거 타고
카페 가서 작업해야겠다.

하. 지. 만.

장비 착용하다가
땀이 많이 나서

포기하고 허물 벗은 게
도대체 몇 번인가...

이 내 몸도
입었다가 벗었다가…
오고 감이 얼마나 될까요?

제발 이 공부,
금생에는 포기하지 말고
끝내야 할 텐데요.

 **몽당연필**

어느새 닳아 버린 몽당연필 세 자루…

실력은 그리 늘지 않은 것 같은데
매번 자신의 전부를 희생해 준 물건을 보고 있자니
미안하고 고마운 마음이 듭니다.

나는 내 전부를 어디에게 마음 쓰고 있는지
아니면 그래야 하는 것인지,

그림을 고치고 새로 그리면서
이제껏 지나온 시간에 빗대어
몽당연필을 바라봅니다.

 # 무뎌진 마음엔

스스로 무뎌져,
잘 풀리지 않을 때
경전이나 좋은 책의
한껏 날 선 부분을 대하며

심지를 정비하고
무뎌진 연필을 깎습니다.

 음치의 진정성

음치와 노래 고수를 가려내는
예능 프로를 봤습니다.

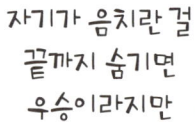  

음치라고 놀리지 않고
격려해 주는 사람들도
참 보기 좋아.

아... 진정성

전 음치지만
제 마음을 전하는 정성은
가수 못지않거든요.

지금껏 우리는 몰라서 묻거나, 잘하지 못하면
웃음거리가 될까 두려워 많은 일을
혼자서 해결하곤 했지요.
그러니
공개된 곳에서 자신의 부족함을 드러낸다는 건
엄청난 용기가 아닌가 싶어요.
진정성이 부각되기보다
코믹하게만 보일 수도 있는데 말이에요.

세상은 조금씩 나아지는 것 같네요.

그 진정성을 알아주고
함께 노래하니 말이죠.

막무가내로 노래하는 사람에겐
열정과 진정성을 조절하는 법을 알려 주고

노래를 잘하는 사람에게는
저들의 열정에서 초심을 배우고
자신의 교만을 알아차리고
성장하는 계기가 되니,

이보다 더 좋은 공연이
어디 있을까요?

 내 귀에 캔디

내게만 들리는 소리가 나를 흥겹게 합니다.
주위와 상관없이, 내 안의 참다운 소리를 듣는다면
어떤 마음에 머물게 될까요?

어떤 소리를
스스로에게 들려주실 건가요?

 바느질

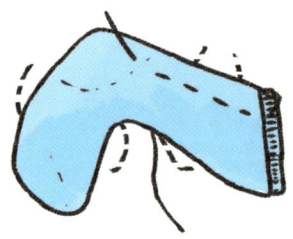

한 땀 한 땀 엮었을 뿐인데
나는 사라지고 바느질만 남아 있는
모습을 보았습니다.

**한 호흡, 한 호흡 그렇게 바라보면
나와 호흡마저 사라진 지점을
알아차리게 될 겁니다.**

 # 떡국

치즈도 한 장 얹고~

아! 산초간장도 약간

어릴 적엔 무척이나 싫어했던 떡국.
절집에 살면서는 떡국이 어찌나 별미인지…
먹는 것에 큰 관심이 없던 내가
낯설게 느껴질 정도로
그 맛을 알아 가고 있습니다.

**또 한 살을 먹으며,
한 해 한 해가 새로 부여된 삶처럼
소중함을 느낍니다.**

나이야 가라~

 **세상 창피**

몸에 묻은 먼지는
언제 묻었는지 돌아보면서,
마음 씀씀이가 어떠했는지는
언제 돌아보려나요.

 ## 눈사람, 눈스님

특별한 눈사람을 만들어 볼까?!

프로 작가의 작품 정도는 되지 않아도
처음 만들어 본 것치고는 제법 그럴싸하네요.

눈스님은 결국 녹고, 얼기를 반복하면서
마치 우리 인간의 삶을 보여 주듯
서서히 주검의 모습을 갖춰 가더군요.

그해 선원에서 눈스님의 백골관* 수행은
제게 큰 공부가 되었습니다.

*백골을 응시하여 인생의 무상을 체득하는 수행법

어라의 그림시

올려다보게
한 후
내려앉은
벚꽃잎

두
번
째
이
야
기

어라?
여긴 어디?

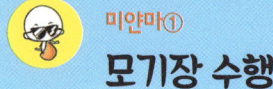

미얀마 ①
모기장 수행

미얀마 수행처 방문 때였습니다.

오!! 저거 좋은데?

모기장 안에서 정진하는 수행자들의 모습은
한국 선원처럼 줄을 맞춰
가지런히 앉아 있는 모습과 달리
자유로우면서도 고귀한
느낌이었습니다.

파리 달라붙지 말라고
덮어 놓은 밥상보 같지만…

**모기뿐 아니라
무서운 말라리아를 막으려는
목적도 있습니다.**

말라리아는 모기를 통해
전해지기 때문입니다.

뭐니 뭐니 해도
예방이 최우선!

모기에 물려서 가려우면 어찌합니까?

반응하지 말고 바라보라.

모기 소리, 새 소리, 옆 사람 소리 등
모든 것에 반응하지 않고 예방하는 법을
한국 선원의 어르신들도
똑같이 강조하셨지요.

이곳 수행의 기조는
높고 낮음이 없음입니다.

이것이 바로
반응하기 전에 알아차리고
예방하는 법…

미얀마 ②
어라는 태닝 중

땀을 많이 흘리는 어라에게   더운 날씨는 곤욕.

쟤네는 안 덥나?
즐거워 보이네.

더위도 식히고 피부에도 좋은
타나카나무를 갈아 만든 걸
바르고 있어요.

오, 그래?
그거 나도 발라 보자~

미얀마 스님들은
못 바르게 돼 있어요.

모자도 안 쓰는걸요~

그래서 미얀마 중들이
시커멓게 탄 거였어...

대신, 여기 스님들은
우산을 쓰고 다닌답니다~

미얀마③
일상이 수행이라면서도

선원에는 '마호'라는 소임이 있어요.
전통적으로 승복에 풀을 먹여 다려 입기에,
한철 정진하는 동안 풀을 쑤어
준비해야 합니다.

그런데,
이것을 단순히
<u>멋부리는 행위로 보는</u>
<u>시각들이 있더군요.</u>

일상이 수행이라고 말하는,
수행자조차 말이죠.

미얀마 수행처에서 잠시 생활한 적이 있습니다.
그곳은 너무 더워 적삼, 바지로 일상생활을 했지요.
한국으로 떠나올 무렵 풀이 없어서,
먹고 남긴 밥을 포트에 넣고 여러 번 끓여
으깨 짜낸 풀로 나름 해제 준비를 했습니다.

수행하러 가서 공부는 안 하고 풀을 했느냐,
굳이 더운 나라에서 두루마기냐
할지도 모르겠습니다.

수행처에서 지낼 때 공양을 하고 나면
출입구까지 소화를 시킬 겸 포행(산책)을 했었습니다.
그때마다
공양 봉사를 하고 중간 지점의 집까지 자전거로 오는
미얀마 할머니와 거의 매일 맞닥뜨렸죠.
자주 보다 보니, 서로 인사를 하면서 지나다녔습니다.
적삼, 바지 차림으로 말이죠.

떠나가는 날 역시,
그녀와 마주쳤습니다.
할머니는 나를 보고 놀라고 있었고,
가까이 와서는 자전거를 세워 땅에 놓고
신고 있던 슬리퍼에서 내려와
가장 낮은 자세로 제게 절을 올렸습니다.

저는 놀라 한국식으로 함께 합장하고
얼굴을 마주했습니다.
서로 말은 통하지 않았지만
떠남을 인식하고 안녕을 바라고 있었죠.

그 할머니가 보여 준 행동은
대개의 미얀마인들과 달리,
놀라운 일이긴 합니다.
복식과 문화가 다르기 때문에,
우리를 이해하기란 쉽지 않습니다.

그래서 짐작건대,
할머니는 제가 입은 두루마기 덕에
저를 스님으로 보았을 겁니다.

그렇지 않다면 늘 보던 사람인 제게,
그렇게 할 이유가 없었기 때문이죠.

순식간에 벌어진 장면에
큰 공부를 한 듯했습니다.

<u>나는 진실로 낮은 자세의 귀의를
받을 자격이 있나</u>

하는 점 때문이었죠.

우리의 공부는 그런 때에 돌아보게 됩니다.
나날이 부끄럽지만 말입니다.

두루마기를 입고 굳이 스님임을 드러내라는 말은 아닙니다.
우리 문화 가운데 승가의 관습이
때론 의미 부여가 되지 않을 때가 있겠지만,
예전 큰스님들이 일상 속에서 강조했던 일들은
모두 그냥 나온 말이 아니라는 걸
다시 한번 이해해 보는 시간이 필요하지 않나 싶네요.

일상이 수행이라면
그 법이 머물지 않은 일상은
어디에 있단 말입니까.

물론 옷보다 중요한 점들이 있기는 합니다만.

태국①
오후의 불식

이번엔 태국이다!

태국 승려들은 하루 한 끼만
먹는다고 합니다.

이것이 야콘!
아삭+달콤+심심한 맛?

태국의 수행처에서는, 모든 공양물의 경우
재가자가 꺼내 놓아야 스님들이 먹을 수 있었습니다.
주지 않는 것은 취하지 않는
테라와다(남방불교)의 전통 때문이죠.

재밌는 점은 야콘은 먹어도 된다는 겁니다.
짐작컨대, 아무런 맛은 없되
허기는 채울 수 있는 먹거리라서?

맛없는 맛의 즐거움을 알려주는
수행처에서
그 맛을 알아갑니다.

어라 배고파~

허용하는 의미를 새길 줄 모르면
취하면서도 투덜거리게 되는 법.
내가 취하는 바는 지닌 바 없이
사용하는 것이죠.

태국②
모나리자 스님

한국식 삭발과
다를 게 없어 보였습니다.
함께 삭발을 돕기도 하고,
혼자 해결하는 사람도 있구요.

샤워와 마무리 면도를 하고 나서
차를 한잔 함께하는데…

그런데 스님~
삭발하고 나서 피곤하신가 봐요.
안색이 안좋아 보여요.

아니요.
컨디션 좋은데요?

음...
뭔가 좀 이상한데
뭐지???

태국의 담마윳(숲속 전통) 종파에서는
이렇게 눈썹까지 미는 것이
전통이라네요.

태국과 미안마 사이에는
전쟁이 잦았던 과거가 있습니다.
그런데 미안마 군인이 태국의 사찰에 몰래 숨어들어
승려 행세를 하다가 발각되었나 봅니다.

그래서 구분을 위해
삭발일에 눈썹을 밀면 태국인이고,
그 사실을 모르고 눈썹을 밀지 않는 이는
미안마 군인으로 간주했던 역사적 경험이
지금까지 전통으로 이어져 오고 있다네요.

이제는 그런 의미 대신
자신의 어리석음을
그 견제 대상으로 삼는 뜻에서
태국의 특정 종파에서만
눈썹을 밉니다.

태국③
탁발

탁발이란
쉽게 말해 음식을 얻으러 다니는 일.

길에서 이뤄지는
법과 수행의 현장이지만,

가슴 아픈 장면을 보기도 하고
(너무 가난해서 쌀도 겨우 내주는 마을도 많아서)

벅차기도 합니다.
(큰 마을이나 큰스님이 머무시는 사찰에는 음식이 많아서)

하지만 공양 후 남은 음식은
모두 신도들이 가져가게끔 골고루 나눔을 합니다.

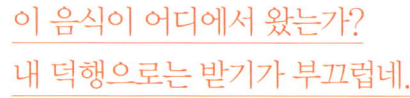

이 음식이 어디에서 왔는가?
내 덕행으로는 받기가 부끄럽네.

마음의 온갖 욕심을 버리고
몸을 지탱하는 약으로 삼아
도업을 이루고자 이 음식을 받습니다.

그래도 마음 한편은
왜 이리 무거운지요….

 **제.자.소**

자전거 좋아하세요?

제 자전거를 소개합니다.

제 자전거는요~

접으면 저보다 작아져요.
휴대와 이동이 용이

게다가
진정한 매력을 꼽자면~

<u>느리지도 빠르지도 않게
보고 싶은 곳을 다 둘러보게 해 주는 것?</u>

달리는 느낌과 걷는 느낌을 모두 충족시켜 주는
여행의 가장 좋은 도구가 아닌가 싶어요.
쌀쌀하거나 비 오는 날에는 친해지기 어렵지만
친해지기 어려운 순간에도 녀석이 떠오르는 걸 보면

나는 또 달리며
샅샅이 훑어보고 싶은가 봅니다.
그곳이 어디든.

 ## 자.탄.승 ①

몇 년 전만 해도 그런 반응이었다….

황단보도에서 신호를 기다리던 어느 날

너무 좋아요.
지구를 살리시는 거예요.
고급 차 몰고 다니는 것보다
훨씬 멋있으십니다.

자전거는 그대로이건만
왜 사람들은 이렇게 보고, 저렇게 덧붙이는지
달라진 반응에 놀라울 뿐입니다.
있는 그대로 본다는 건
그만큼 어려운 건가 봐요.

 **자.탄.승 ②**

라이딩을 마치고 절로 돌아왔다.

딱 가린 만큼만 안 타는 법.
재주도 좋네, 가을볕….

공부도 내놓아야 익는 법.

 **바람 도서관**

해안도로와 한라산, 성산일출봉, 우도 등등
유명한 곳은 당연히 가 봐야 하고…
좀 특별한 곳은 없을까요?

그렇게, 조금 특별한 곳을 원했던 나는
검색된 주소를 향해 달렸습니다.

엇!!!

팽목항이나 광화문 추모 공간은 알았어도
제주도에도 이렇게 도서관과 기억 공간이라는 이름으로
세월호 희생자 추모 공간이 있는 줄은 몰랐습니다.

소 축사였던 곳을 꾸며서
전시와 추모 공간으로 사용한다고 하네요.
사고를 당한 아이들이 소띠라는 점에도
의미가 있는 것 같았습니다.

<u>잠시 세월호 희생자들을 위해 축원했습니다.</u>
<u>천 개의 바람이 되어 훨훨 날아올랐을</u>
<u>세월호 희생자들과</u>
<u>그들을 추모하는 모든 분들의 바람을 안고</u>
<u>큰 변화가 시작되기를 기원합니다.</u>

바람...
바람을 담은 기억 공간
잊어서는 안 되겠죠.

제주에 오시면
꼭 들러서 추모해 주세요.

 # 제주도 남근석

나와 도반* 스님이 제주도를 방문했을 때

*동료, 친구

사실, 음양의 조화라는 게
형상으로 조절되는 게 아닐 텐데...

이웃나라 일본만 봐도,
풍년 기원을 위해 음기와 양기의
모형을 결합시키는 축제도 있더군요.

경건한 마음으로...

탐진치에 깨달음이 있다고
하더이다.

무엇을 얻으셨나요?

균형과 조화는 사실 인과에 의해
스스로 결정되고 있는데

**우리는 우리 안의 결핍을
밖에서만 찾는 게 아닌지 돌아봐야겠습니다.**

여행에서 얻은 것

1. 일상의 모습이 새롭게 느껴지고

2. 그 일상의 표정을
   마음으로 느끼게 되고

3. 피곤과 개웃기는 그을림…

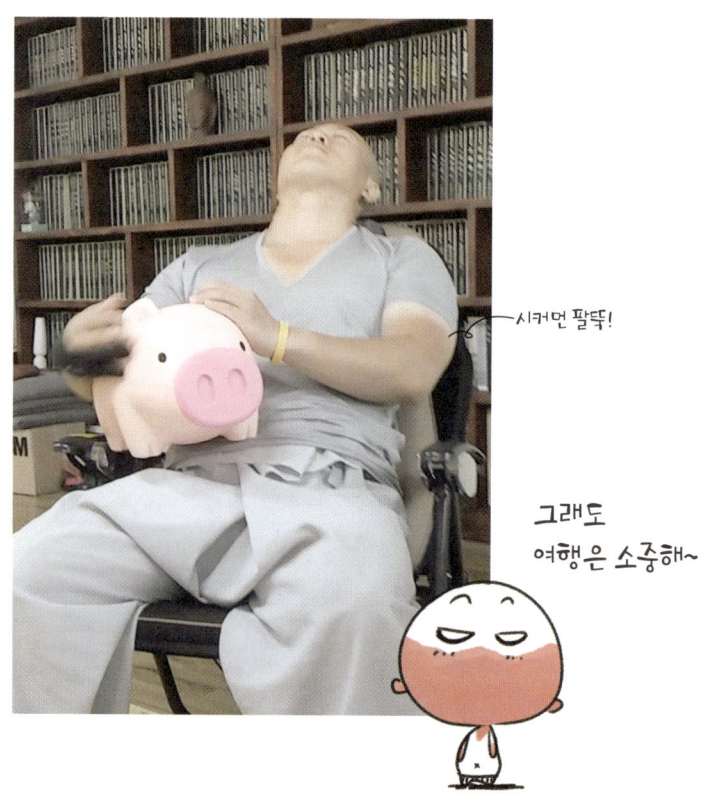

시커먼 팔뚝!

그래도
여행은 소중해~

다양한 일상을 대한다는 것은
보통의 일상을 넘어서는
새로움과 기쁨을 만난다는 뜻이죠.

여행하며 만난 사람들의 고단함에는
행복이 묻어 있었어요.
때때로, 일상에서의 내 얼굴은 어땠는지
떠올려 보기도 합니다.

여행이란
일상의 소중함을 다른 데서 확인하고 오는
바보스러움이랄까요?

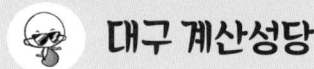 **대구 계산성당**

대구 계산성당을 여행지로 추천받아,
찾아가 봤습니다.

성당의 내부, 외부, 마음에 드는 곳을 찾아
기록을 남겼죠.

나중에 검색해 보니 이곳은
서울과 평양에 이어 세 번째로 세워진
고딕 양식의 성당이며,
대구에 현존하는 1900년대 건축물 중
유일한 건축 양식이라고 하는군요.
우리나라의 성당 건축물은
100년 정도도 오래된 것이라고 하니,
새삼 천주교의 역사가
그리 오래되지 않았다는 사실에 놀랐습니다.

다 큰 남자 스님이 인형을 들고 성당에…
이상해 보일 수도 있겠네요.
본당 안에서 잠깐 좌선하고는;;;;
밖으로 나왔습니다.

성모마리아의 품에 안긴 아기 예수를 보니,
우리 어라 스님과 잘 어울릴 듯하여
이렇게 기록을 남깁니다.

찰칵!

여행하며
인형을 들고
다닐 줄이야...

화끈 화끈

왜! 내가
창피해?

아! 계수나무는
중생의 고한(苦寒)을 치료하는 약재라는데
계산성당의 명칭이 그래서일까요?

제 고난과 부끄러움도
그곳에서 치료되었기를 빌어 봅니다.

 **유물적 가치**

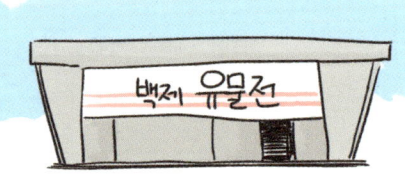

음…
과거 찬란했던 유물은 예술적 가치가
지금보다 더 훌륭하겠지? 가 볼까?

예술성이 유물적 가치라면
'나'라는 존재는
언제 가장 가치 있을까요?

시간이 많이 흘러,
과거의 사소한 것마저 귀중해진다면
그때서야 지금의 가치를 알게 될까요?

소중하다고 말하면서도
가치 평가에서 밀리는 하루하루의 소소함들.
유물전을 보면서 지금을 봅니다.

 **이사**

선원에 다닐 때 이사라는 건

다음 방부* 결정이 난 선원으로 보내는
옷가지 박스 몇 개였다.

*선원 입방 신청

만화를 그리게 된 요즘의 나에겐…

이사는 무서움이다.

들기도 버거운 거대 어라 인형과
자잘하게 많은 어라 인형들,
게다가 인형제작 도구들까지…

번거로웠던 만큼
행복한 시간들…
당연히 가벼울 리 없겠죠.
행복의 무게.

날이 좋으니
허물어진
꽃도 보인다
꽃 꽃에도
머물지 말라는듯

세
번
째
이야기

어라?
이렇게 반가울 데가!

# 어머니가 누구니

엘리베이터 안에서
한 아가를 만났습니다.

**아이는 어디서 부처님이란 단어나
이미지를 알게 됐을까?**

어머니가 '스님'이라고 알려 줘도
아이는 아랑곳하지 않고,
나와 눈을 맞추며 인사해 줍니다.

"새해 복 많이 받으세요~"

아이의 인사에 답을 하는 순간
행복해졌습니다.
복이 뭔지도 모를 나이인
어린아이의 인사에 말입니다.

참고로 이 내용은 개인 팟캐스트로도
방송한 적이 있어요.

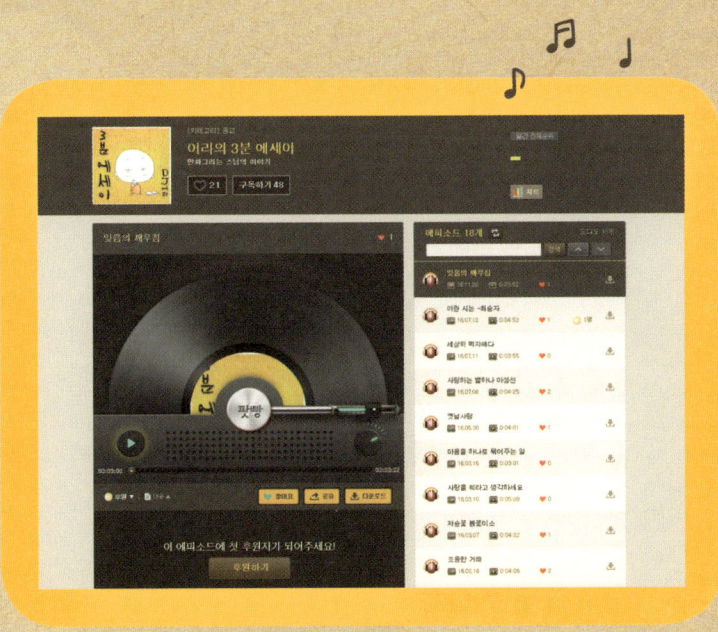

큐알코드 스캐너로
아래 그림을 클릭!

 ## 난 뭘 잘못했을까?

보살님 닮았으면 신심도 좋을 것 같고

출가시키면 어때요?

...

기독교에는 원죄라는 개념이 있다는데
우리의 잘못이라고 한다면
원력이나 보살심, 둘 중 하나가 없어서겠죠.

아, 윤회의 원죄는 탐진치, 인과이니
그 얽매임을 해소하고자 이 길에 들어섰지만
아직 잘못이 많아
이 자리에 있는지도 모르겠습니다.

카페 치노

한 카페 간판에 '카페 치노'라고 적혀 있기에
색다른 메뉴인가 싶어 들어갔습니다.
이런 문구가 보이더군요.

카페 치노의 주인이 어느새 다가와 있더군요.
문구와는 다르게 녀석, 낯을 안 가리는데요?

하지만…
표정으로 낯을 가리고 있다는 걸
알 수 있었습니다….

집사가 아니라서 경험이 없었지만
녀석을 보면서 하나는 알게 됐습니다.

먼저 다가올 때까지 기다리며
친해지는 법을 익혀야 한다는 것.

내 마음과 친해지는 길도
치노를 기다리는 법과 다르지 않을 겁니다.

 **촛별**

어느 날부터 광화문은

밤하늘의 별들이…

이곳에 내려온 것 같다.

 **만행의 공덕**

여러 곳을 다니며
수행하는 것을 만행,
행각이라고 합니다.

그래서,

사찰 방문 시 부처님께 참배하고
건축물만 보고 갈 게 아니라.

잠시라도 기도와 수행을 하고
가는 게 더 큰 의미가 있습니다.

얼마간 좌선을 하는데…

어른 스님께서, 혹시 공양은 하고
만행 중이신지, 때를 놓치실까 봐
여쭤보라고 합니다.

아…

다녀감이 많아 배려가 쉽지 않을 텐데
이런 마음 쓰심을 대하게 되면 적잖은
감동이 있더라고요.

만행이 법도라면,
내가 공경의 마음을
잘 간직하고 있을 때
이런 마음 쓰심도 만날 수 있습니다.

공경의 마음이란 바로
화두 챙김, 참회, 염불, 바라봄이겠죠.

남의 마음을 당연한 권리처럼 받아들이면
감동도 없는 법이니까요.

FEAT. 효산 스님
라디오

어린 시절 라디오 음악 방송은
TV 프로그램만큼이나 인기가 높고
아이들 사이에서는
공감대 형성에 큰 역할을 했지요.

팝송을 한글로
받아 적은 기억도
있구요.

DJ 멘트 하나하나가
친구들 대화의 단골 소스였죠.

그래서, 데뷔했습니다.

어라(지찬 스님) 차차(효산 스님)

매주 토·일 오후 1시
BTN불교라디오
'어라차차 신나는 붓다!'

청취자들에게 큰 영향을 주었던
그 공간에 제가 들어와서 보니,
청취자가 진행자에게 영향을 받기도 하지만
영향을 주기도 함을 알겠더군요.

**청취자 분들에게
늘 고마운 마음을 느끼며 힘을 냅니다.**

 # 클래식은 어려워

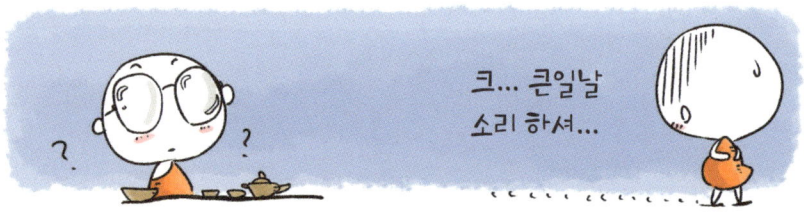

클래식은 입 닥치고 들어야 하니,
폭풍 양치;;;

음악은 좋았습니다. 다 좋은데…
시간이 갈수록…

조.. 졸면 안 된다…

잠들고 말았습니다.

보다 못한 지휘자 샘이…

연주를 잠시 멈추고
청중들과 눈을 맞추고 인사하는
조금 색다른 음악회였습니다.
그래서 저와도 교감을 나누신 게
아닌가 싶네요.

같이 간 도반 스님…
스님 덕에 좋은 소재 생겼네요ㅠ
고오오맙습니다.

 ## 이런 염불 차량

염불 수행을 하는 스님들과
차로 장거리 이동을 함께 했습니다.

한참을 달리는데…

염불 수행하는 스님들과

여행할 때는

적극적으로 손뼉을 치며
함께하는 것이

소리에서 벗어나 안온함을
찾는 길입니다.

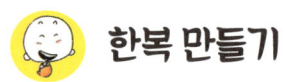 **한복 만들기**

겨우겨우 강좌에 등록해,
재봉틀을 배우기 시작했습니다.

손가락을 잡아먹을 것 같은
무시무시한 재봉틀과 친해지는 데
시간이 걸렸죠.

기존의 승복을 샘플 삼아
본을 떠낸 다음,
그 본을 천에 대고, 그림을 그린 후 고정하고…

배울 게 한두 가지가 아니었습니다.

몇 달간의 씨름 끝에,

드디어~

**생애 처음으로
동방을 만들었어요.**

동방이 뭐냐 하면,
두루마기보다 짧은 윗도리입니다.
게다가 바지까지 만들었습니다~

처음엔 단순히 입을 옷을 만들려는 생각이었는데
옷에 깃든 우리 문화의 우수성에 대해
자연스레 생각해 보게 됐습니다.

선과 형태에 따른 우리 민족의 의식,
품위를 고려한 옷의 구성 등

한복에 대한 고정관념도 많지만
사실 우리 옷은
품위와 품격의 의도된 표현일 겁니다.

NAVER!!

절대,

친애하는
한복 선생님

돈 아끼려고 배운 건데,
전혀 기억도 안 나고...

횡설수설   자괴감...

이런 귀한 경험을
할 수 있게 해 준,
세상의 모든 스승님께
감사드립니다.

 **모르는 번호**

모르는 번호는
잘 안 받는 어라.

복잡한 시내에
운 좋게 잘 주차했다 싶었는데
돌아와 보니 이런 메모가 붙어 있네요.
대상을 통해서 나 자신의 상태를
점검하게 되는군요.

미루어 짐작하기보다
늘 자신을 먼저 살펴야겠습니다.

 **루돌프는 비정규직**

산타 체험

오호호

민생을 돌본다는 것은…

루돌프의 입장보다 더 힘겨운 사람들을
살핀다는 의미가 아닐까요?

정규직, 비정규직 이런 구분이 없는 세상이 오기를….

 **동지**

어라 인형 대신
피규어도 만들어 보고 싶고
여기저기 적용해 보고 싶긴 한데…

방석을 만들자니
깔고 앉는다는 게
마음에 걸리고…

동지네?
이런저런 구상을 하다 보니 어느새 동지…

- 액운막이
- 팥죽 새알 빚기
- 운력이 있겠습니다.

사찰에서 명절 내지 큰 행사에는
모든 대중이 힘을 모아 일을 함께 합니다.

와~ 보살님들 많이 오셨네요.

자자,
가족들에게 받은 스트레스는
여기다 풀지 마시고~

일이나 행사라고 생각하는 대신에
우리 모두 염원과 발원, 염려를 담아
새알을 빚어 봐요~

사실 액운을 물리치는 건
정성과 자비,
사랑의 마음이니까요~

익숙해진 것에
조금의 활기만 넣었을 뿐인데
사랑으로 함께 나아가는,
오늘은 동지입니다.

 비둘기는 999

런웨이가 선원에서
도시로 바뀐 지 조금 되면서
눈에 들어온 친구…

도시의 회색빛과
닮은 것일까?

자연이 가까이 있지 않으니 그들이 도시로 온 것일까,
도시마저 자연 속에 있다는 걸 내가 잠시 잊었던 것일까.

말끔한 회색빛 비둘기가
늠름히 먹고 늠름히 걸어갑니다.

**나는 나의 역할만 하면
그뿐이라는 듯.**

어라의 그림시

발아래
바쇼를 놓고
차오르는 눈뜨임
연일 맞이하네

네
번
째
이야기

어라?
하다 깨달았네

불교 공부를 어떻게 하세요?

만화로...

"연애를 글로 배웠다"는
말이 있죠?

제 불교적 바탕의 인연은
성우들이 연기한 고승열전입니다.
어찌나 리얼한지
'도를 통하면 목소리도 멋져지는가 보다' 하고
생각했답니다.
그런데 불교 만화도 고승열전처럼 재미있더라고요.
즐겁고 재미있어서 자꾸 들춰 보게 되는
만화 불교가 제 바탕…이라고 말하면 안 되는 건가요? ㅎ

**만화 보다가 출가한 사람
여기여기 붙어라~**

무지개 보시

무지개를 잡을 수 있는 사람만이
아아, 그 같은 마음을
보시할 수 있습니다.

분별 없이 아름다운 마음을 일으키려면
무지개를 보는 눈부터
새로 떠야 할 것 같아요.

 **재가에서 출가까지**

스님이 되면 알아서 공부하느라
그 공부가 눈에 잘 띄지 않을지 몰라요.

눈에 띄는 좋은 인재들에게
그저 불교가 무언지 알리는 일에만 집중하면
그 공부인들이 출가를 하지 않을까
상상해 봅니다.

눈길

눈길 닿는 곳마다 봄이 오면,
봄으로 이어진 마음이 흩뿌려지네요.
내 눈길 닿은 그대로 사랑할 때,
눈길 바로 뒤의 나는 어디로 간 걸까.

**찾으려 하지도, 애쓰지도 않고
사라짐에 눈길 줄 뿐입니다.**

 # 농담 속의 부처

오랜만에 도반 스님이 찾아왔다.

그땐
부처님 모습만 봐두
힘이 나서
기도 소리도 우렁차고
그랬는데...

> 그래도 불보살님께
> 신심이 있긴 하네요.

솔직한 도반 스님의 말에 웃으면서도
큰 공부가 되는 자리였습니다.

 **물들지 않는 법**

젖지 않는 그 붉은 옷을 빌려다오.
금붕어야.

물빛에 물들지 않고
자기 본래의 색을 유지하는 금붕어의 붉음은
더불어 가되 퇴색하지 않는
초심을 말하는 듯 보였습니다.

부처님 말씀 속에 뛰어들어
이해와 깨달음이 있을 때라야
말씀 가운데 있되
자유로울 수 있다는 뜻이겠지요.

저 붉은 옷만 빌려 입을 수 있다면
젖지 않고 자유로울 수 있을 텐데요.
금붕어는 제 시선 아래 자유로웠습니다.
그 시선을 제게 드리웁니다.

 낙수 명상

마음을 잡아 두는 처마 밑 물 번짐.
비 그치면 어디에 담기려나.

번짐과 울림 후에
만물을 비추고
이내 사라지네….

 **삶의 궤적**

지쳐 쓰러진 뒤에야
구름 스치는
하늘의 고요.

애씀 없이 놓음도 없다.

 **햇살 명상**

서쪽 창 내다보니
눈부심은 잠깐.

지혜는 빛처럼 날카롭되,
어울림에 무리가 없다.

나에게 쓰는 편지

마흔 중반이 되어 가는 나는
출가해 한창 선원에 다니던 나에게
어떤 아쉬움이 남아 있나 생각해 봅니다.
또 그에게 어떤 당부의 말을
해 주고 싶은지도 말이죠.

<u>한결 부드럽게 나를 바로 볼 수 있는 힘…</u>
<u>사랑하는 나에게 편지를 써 봅시다.</u>

이보게, 어라. 자네는 선원에서 평생 살 줄 알겠지만
어이없게도 10년 후에는 만화를 그리게 된다네.
그렇다고 부끄러워하거나 놀라지는 말게.
한 번도 생각지 않았던 모습이라 믿기지 않겠지만 사실이네.

선원에서 후회 없게 수행하다가 나오길 비네.
좋은 체험 잘 유지해서 세상에 나와야지
안 그러면 많은 시행착오를 하게 될걸세.

건강을 자신하지 말고 운동 열심히 하게.
허리를 다쳐 한동안 고생하게 되니까 말이지.

앞으로 또 어떤 일이 일어날지 나도 모르지만
자네에게 편지를 쓰고 나니
미래의 나에게도 편지를 써 보고 싶어졌어.

그럼 잘 지내고
우리 또 보자고.

 **생사의 슬리퍼**

약을 사러 약국에 방문했는데

생사가 이곳에서 나왔으나
이곳에는 생사가 없다.

_해안 선사

그 노인이 세상의 모든 이치를 통달해서가 아니라
그저 궁금해서 물었다 할지라도
그 물음이 내가 궁금해하는 연유와
닮아 있지 않나 싶었습니다.

만약 그이가 내게 조언을 해 준 거라면
그것도 더없이 감사한 일이 아닐 수가 없었지요.

 # 두타

음...

두타행*...
나무 밑에서 정진하려니
벌레, 모기 으... 걱정 걱정.

나약한 생각일까?

예전 사람들은 다 강한 건가?

*산과 들로 다니면서 괴로움을 무릅쓰고 불도를 닦는 일

흉내를 낸다는 것은
존경함의 결과겠지요.
차차 힘을 내 봅시다.

 **가지치기**

인생이라는 삶의 무게가
해가 갈수록 무겁게 느껴질 때면

그런가 보다 싶다가도…

때가 되면 가지치기를 하면서
늘 그 자리에 있어 왔던
은행나무의 이야기를 듣고는
핑계를 삼킵니다.

 겨울옷

입고 나갈 땐 모르겠더니
문득,
벗고 쌓아 놓은 걸 보니

이렇게 들고 다니다가

이렇게 벗어두고
가겠지… 싶다.

 어라 상담소

그런데

유독 정치, 사회 문제에만 세간, 출세간을 나누니…

그간 상담한 것은
세속의 일이 아니고 무엇일까요?

 걷기 명상

하늘과 바다가 만나는 수평선을 바라볼 때
안정되는 마음처럼,
발 아래 시선이 닿을 때
우리의 마음도 안정을 이룹니다.

이리저리 헛도는 마음을
발 아래 머물게 해 보세요.

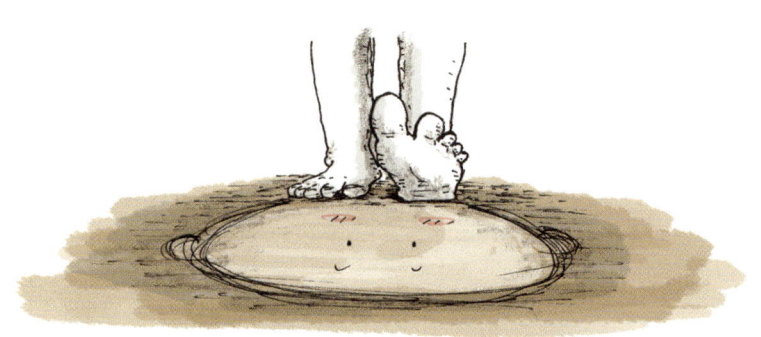

 **얼음 위의 피아노**

피아니스트 루도비코 에이나우디가
'북극을 지킵시다' 캠페인에 참여해
북극 얼음 위에서 피아노를 연주했습니다.

기상이변으로 인한 지구 온난화,
기업과 국가의 이익 때문에
자연보호에 소홀한 인류에게
경각심을 심어 주고자 한 이벤트인데

북극에서 연주하는 동안에도
빙하가 흘러내리는 모습이 담겨
더욱 장엄한 인상을 주었죠.

그의 연주는 이슈를 위한 이벤트였겠지만
그 효과는 본질에 관심을 갖게 하는 힘이 있지요.

부처님 오신 날…
이벤트만 기억하느냐,
거기에 마음을 놓아두느냐는
각자의 선택이겠습니다.

털어 내며 쌓아 가며

'수행했다' 하는 象에
사로잡히지 마십시오.

그것은 욕심과 무지를
옮겨 놓은 줄도 모른 채
옮겨 놓은 걸
내세우는 꼴입니다.

 **화장 세계**

매일 향을 사르고 기도를 하면서도
저 화장 세계를 못 봤네요.
향 하나를 사를 때
모든 불보살님, 신중님, 발원들이 모여
축원의 향으로 가르침을 줍니다.

향로에 담긴 다비의 흔적을
고루 펴 주며 기도합니다.
세상의 모든 고통과 갈등이
사라지게 하여지이다.

태어난 계을
탓하려다
저승꽃 핀 노승의
봉긋 미소

어라의 라이프 카툰

초판 1쇄 발행 2017년 5월 10일

지은이 지찬
펴낸이 오세룡
기획 · 편집 이연희, 박혜진, 박성화, 손미숙, 손수경, 최은영, 김수정, 김영주
디자인 조성미(road0208@naver.com)
     고혜정, 김효선, 장혜정
홍보 · 마케팅 이주하
펴낸 곳 담앤북스
     서울특별시 종로구 사직로8길 34 (내수동) 경희궁의 아침 3단지 926호
     대표전화 02) 765-1251 전송 02) 764-1251
     전자우편 damnbooks@hanmail.net

ISBN 979-11-87362-75-3 (07810)

이 책은 저작권 법에 따라 보호받는 저작물이므로 무단 전재와 복제를 금합니다.
이 책 내용의 전부 또는 일부를 이용하려면 반드시 저작권자와 담앤북스의 서면 동의를
받아야 합니다.

정가 13,000원

이 도서의 국립중앙도서관 출판예정도서목록(CIP)은 서지정보유통지원시스템 홈페이지
(http://seoji.nl.go.kr)와 국가자료공동목록시스템(http://www.nl.go.kr/kolisnet)에서 이
용하실 수 있습니다.(CIP제어번호: CIP2017008680)